Les réalisations sont issues des livres suivants :

Pour les pages 8, 9, 22, 23, 26, 27
Récup'créations, B. Theulet-Luzié, pp. 132-133-136-137-146-147
Photos : G. Vinçon,
© Casterman 1996, ISBN 2-203-14427-0

Pour les pages 10,11
Le grand livre du Bricolage
Das groBe farbige Bastelbuch für Kinder, U. Barff, I. Burkhardt, J. Maier, pp. 212-213
Photos : T. Pfündel, Stuttgart, Design-Studio.
Illustrations : B. Hintermaier, Glonn ; G. Scholz, Dornburg, A. Stockmann, AS-Design, Offenchbach
© 1986 by Falken-Verlag GmbH, 6272 Niedernhausen/Ts,
© 1987 Casterman, traduction de Barbara Schild,
ISBN 2-203-14401-7

Pour les pages 12, 13, 24, 25
1000 Bricolages pour petites mains, **Le grand livre du Bricolage, tome 4**,
Das 2. farbige Bastelbuch für Kinder
U. Barff, I. Burkhardt, pp. 206-207-208-209
Photos : M. Zorn, Wiesbaden
Illustrations : W. Engelhardt, Pulheim ; I. Prey, Hambur ; G. Scholz, Dornburg ; M. Zörner-Poor, Mainz
© 1991 Falken-Verlag GmbH, 6272 Niedernhausen/Ts,
© 1992 Casterman, traduction de Netword, ISBN 2-203-14405-X

Pour les pages 14, 15
Le grand livre des Petits Créateurs,
Das Neue Bastelbuch für kinder, U. Barff, I.Burkhardt, J. Maier, pp. 200-201
Photos : TLC-Foto-Studio, Illustrations : Atelier U. Hoffmann
© 1996 Falken-Verlag Gmbh, 65527 Niedernhausen/T,
© Casterman 1997, traduction de V. Deligne et M.-C. Frappart, ISBN 2-203-14461-0

Pour les pages 16,17
Créations en fête,
Kinder Bastelbuch für Advent und Weihnachten
S. Wetzel-Maesmanns, pp. 16-17
Photos : M. Zorn, Wiesbaden
Illustrations : G. Scholz, Dornburg
© Falken-Verlag GmbH, 65527 Niederhausen/Ts, Germany,
© Casterman 1995, Traduction : A. Bigot, ISBN 2-203-14424-6

Pour les pages 18, 19, 20, 21
Papier-carton, Le grand livre du Bricolage, tome 2,
Heut basteln wir mit Pappe und Papier, U. Barff, J. Maier pp. 198-199-204-205
Photos : Photo-Design-Studio G. Burock, Wiesbaden-Naurod
Illustrations : A. Bienkowski, AS-Design, Offenbach, B. Hintermaier, Pinzenau, I. A.s Stockmann-Sauer, AS-Design, Offenchbach
© 1988 by Falken-Verlag GmbH, 6272 Niedernhausen/Ts,
© 1989 Casterman, traduction de Barbara Schild,
ISBN 2-203-14403-3

Pour la page 28
Le grand livre des maternelles, U. Barff, p. 337
Lauter tolle Sachen die Kinder gerne machen
Brigitte Nelich et Doris Velte pour les mois de mars, septembre et octobre
Iris Prey pour les mois d'avril, mai et juin
© 1993 Falken-Verlag GmbH, 6272 Niedernhausen/Ts,
© Casterman 1994, traduction de V. Deligne et M.-C. Frappart,
ISBN 2-203-14420-3

<http://www.casterman.com>

ISBN 2-203-146.34-6

FAITES-LE VOUS-MÊME !

NOËL FAIT MAIN

casterman

TABLE DES MATIÈRES

AVANT D'ENTAMER VOS CRÉATIONS

Préparer Noël, c'est déjà le fêter!

Pour ne pas être pris au dépourvu, prévoyez une petite caisse avec du matériel de récupération : des boîtes à œufs, des boîtes d'allumettes, des bouts de laine, des chutes de papier de couleur, des petits papiers d'emballage doré, des rouleaux de papier toilette, des coquilles de noix...

Bien sûr, vous aurez toujours votre matériel de base sous la main : crayons, feutres, colle, ciseaux, papier...

Inspirez-vous des réalisations proposées mais n'hésitez pas à y mettre votre touche personnelle.

Les fêtes de fin d'année posséderont leur caractère chaleureux tant que des petites mains s'activeront au tempo de leur cœur.

Bonnes fêtes!

LES BOÎTES SURPRISES

IL VOUS FAUT

- *des petites boîtes d'allumettes*
- *du papier à dessin rouge et vert*
- *des ciseaux*
- *de la colle*
- *des gouaches*

BOÎTE PÈRE NOËL

Préparation

1. Collez du papier rouge au dos et sur les deux petits côtés de la boîte.

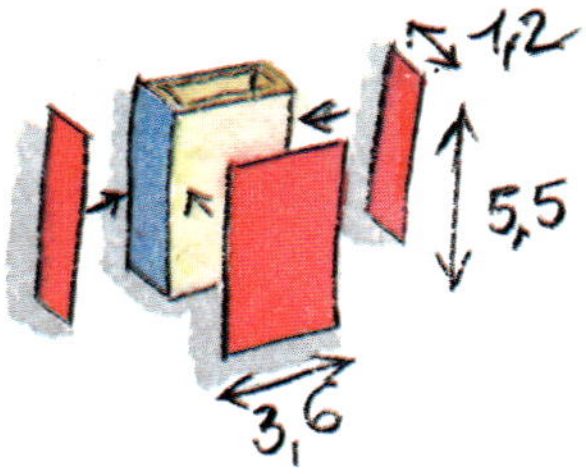

2. Calquez les formes du père Noël et de la capuche (p. 29). Reportez-les sur du papier rouge. Découpez-les.

Décoration

Peignez en blanc : le pompon, la bordure de la capuche, des manches et du manteau, les moustaches, la barbe. Peignez en rose le visage et les mains. En noir, les chaussures. Cernez tous les éléments. Ajoutez les yeux et le nez.

Montage

1. Pliez la languette de la capuche. Collez-la sur l'épaisseur du tiroir.

2. Collez le père Noël sur l'enveloppe de la boîte. Pliez les pieds.

3. Introduisez le tiroir dans l'enveloppe.

BOÎTE À SAPIN

Préparation

Collez du papier vert sur les petits côtés (2 fois 5,5 x 1,3 cm). Calquez les formes du sapin (p. 29). Reportez-les sur du papier vert. Coupez en double.

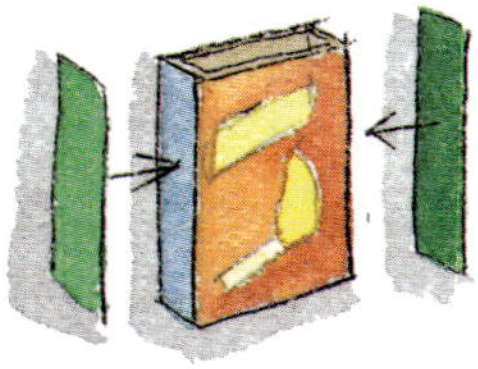

Peignez des flocons.

Montage

1. Pliez les languettes, collez-les l'une après l'autre sur l'épaisseur du tiroir.

2. Collez les deux sapins sur les deux faces de l'enveloppe. Introduisez le tiroir dans l'enveloppe. Bien sûr, dans ces boîtes vous glissez de petits messages entourés de ficelle dorée ou des mini cadeaux.

CHANTEUR À L'ÉTOILE

C'est une vieille coutume : les jours qui précèdent l'Épiphanie, les enfants vont de maison en maison pour chanter des chansons sur les Rois mages. Ils ont toujours une étoile avec eux, et pour les remercier d'avoir chanté, les gens leur donnent un peu d'argent, des biscuits et des fruits. Voici comment réaliser un « chanteur à l'étoile ». Pendant l'Avent, vous pourrez le placer sur la table avec des branches de sapin et une bougie.

IL VOUS FAUT

- du papier calque
- un crayon
- un morceau de papier à dessin blanc (30 x 30 cm)
- un morceau de papier à dessin rouge (30 x 30 cm)
- des ciseaux
- de la colle
- une boule de papier mâché avec un orifice
- un cure-dents
- un peu de laine brute non tissée
- des crayons feutres
- un peu de papier doré
- une brochette en bois pour grillades

1. Vous trouverez les différentes parties du chanteur à la page 29. Décalquez son manteau et son chapeau sur le papier à dessin rouge et la silhouette du corps sur le papier à dessin blanc. Découpez toutes les parties.

2. Pour former le corps, réalisez un cornet avec le papier blanc et collez les bords l'un sur l'autre. Laissez une petite ouverture dans la partie supérieure du cornet car vous devrez y faire passer le cure-dents.

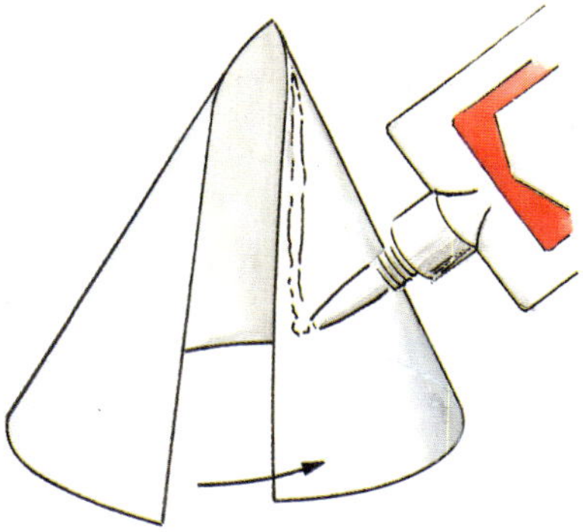

3. Sur la face intérieure du manteau, déposez une ligne de colle allant du milieu du bord droit jusqu'au milieu du bord inférieur courbe. Collez le manteau du chanteur sur son corps en suivant la ligne de colle. Le bord droit doit reposer contre le sommet du cornet.

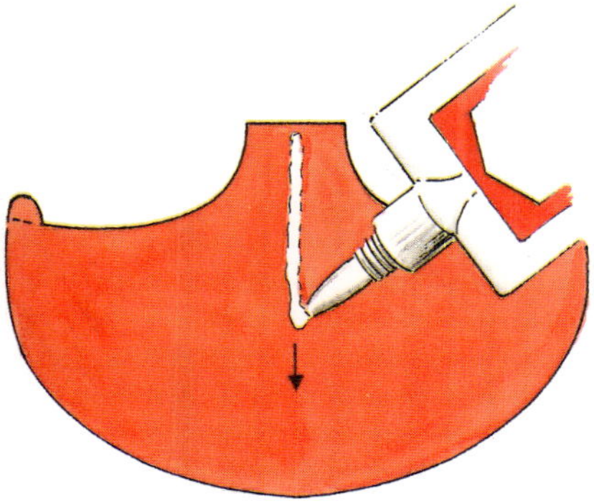

4. Les bouts du manteau représentent les mains du chanteur. Enduisez leur face interne de colle et superposez-les pour donner l'impression qu'elles sont jointes.

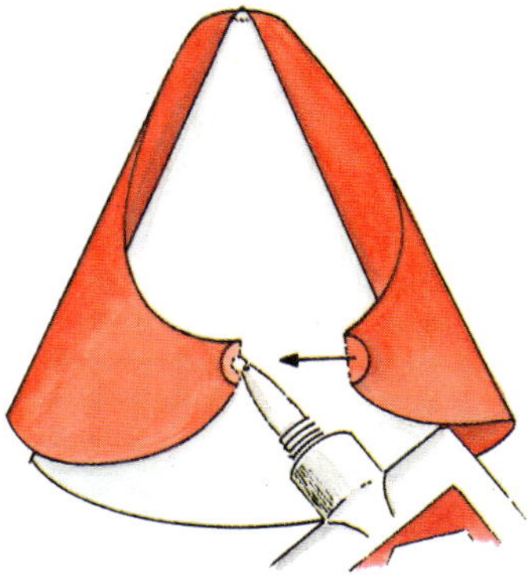

5. Piquez le cure-dents dans l'orifice de la boule de papier mâché. Enduisez de colle le tiers supérieur de la boule et déposez-y une couronne de laine brute non tissée pour former les cheveux.

6. Découpez deux lamelles courtes et étroites dans le papier à dessin rouge et collez leurs extrémités droites sur le chapeau. Collez ensuite le chapeau sur la tête.

7. Pour terminer le chanteur, il ne vous reste qu'à dessiner son visage à l'aide de crayons feutres. Veillez à ce que les rubans du chapeau tombent bien sur une oreille du chanteur.

8. Introduisez maintenant le cure-dents qui supporte la tête dans la petite ouverture du corps.

9. Décalquez deux fois l'étoile de votre chanteur sur du papier doré. Découpez les deux étoiles et collez-les l'une contre l'autre en ne faisant pas correspondre les branches. Collez le bout de la brochette en bois entre les deux faces de l'étoile.

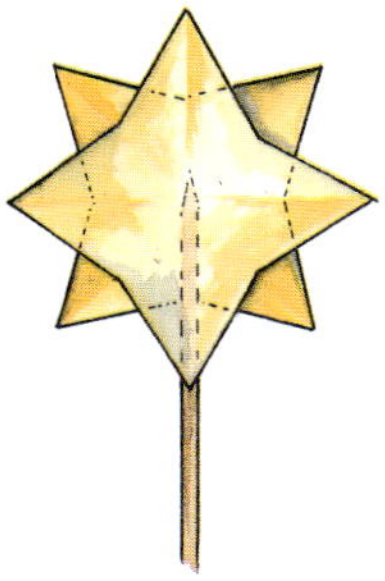

10. Faites un petit trou dans le corps du chanteur, choisissez un endroit recouvert par les manches du manteau rouge. Introduisez-y l'extrémité de la brochette en bois qui porte l'étoile.

UN SAPIN MOBILE

IL VOUS FAUT

- du papier calque et un crayon
- du carton
- des ciseaux
- du papier à dessin rouge, vert et jaune
- une règle
- du fil rouge
- de la colle universelle
- une baguette (50 cm de long et 8 mm de diamètre)

Ce mobile de circonstance peut décorer un mur ou une fenêtre.
Les différents éléments sont faciles à découper. Au moment de les coller sur les fils, vous devrez travailler avec beaucoup de soin.

1. Reportez les modèles ci-contre sur un morceau de carton et découpez-les pour faire des patrons.

2. Chaque motif doit être découpé deux fois, puisque le fil sera collé entre les deux faces. Pour cela, pliez le papier à dessin pour obtenir une double bande d'environ 7 cm de large. Pour que les deux faces d'un motif soient parfaitement identiques, dessinez-les sur le papier à dessin en suivant les contours du patron et en disposant l'un des bords sur le pli du papier. Dessinez ainsi six anges, onze étoiles et huit sapins.

3. Découpez les motifs en laissant les deux faces attachées à l'endroit du pli (vous couperez plus tard les morceaux en trop).

4. Disposez les motifs (doubles) de manière à composer la forme d'un arbre de Noël.

5. Pour les accrocher, prenez sept fils doubles de 1,20 m de long. Pour chaque rangée, placez un fil dans les motifs ouverts (la boucle vers le haut!) et fixez-le avec un point de colle. Ensuite, enduisez chaque motif d'une fine couche de colle, collez les deux faces ensemble et coupez l'excédent à l'endroit du pli.

6. Pour disposer facilement les fils sur la baguette, placez celle-ci entre les dossiers de deux chaises. Répartissez les fils à intervalles réguliers et fixez-les avec un point de colle ou un morceau de papier collant.

7. Accrochez la baguette au mur à l'aide de deux fils fixés aux extrémités. Si le mobile doit pouvoir tourner, les deux fils doivent être réunis au milieu et accrochés au plafond.

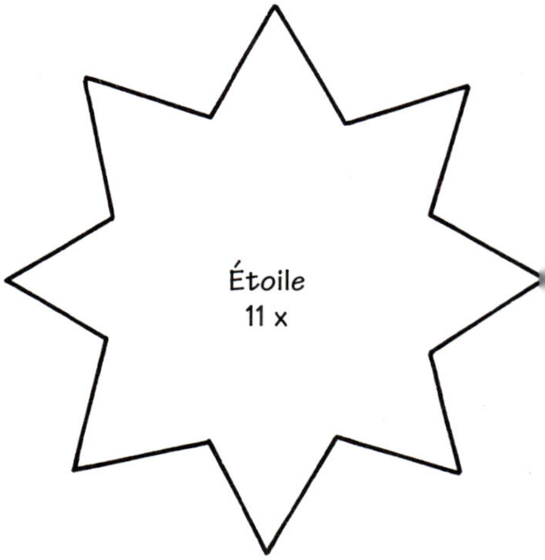

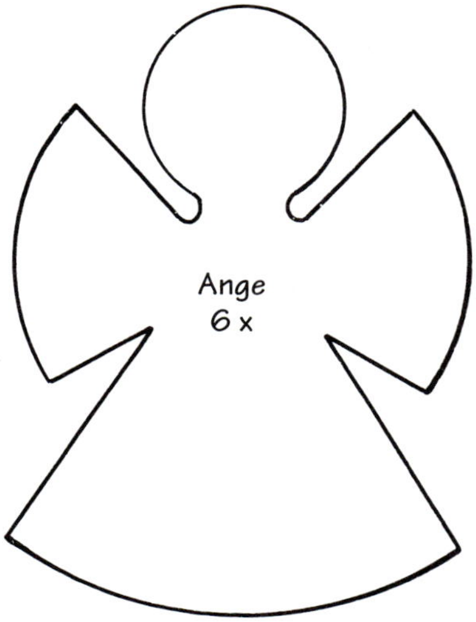

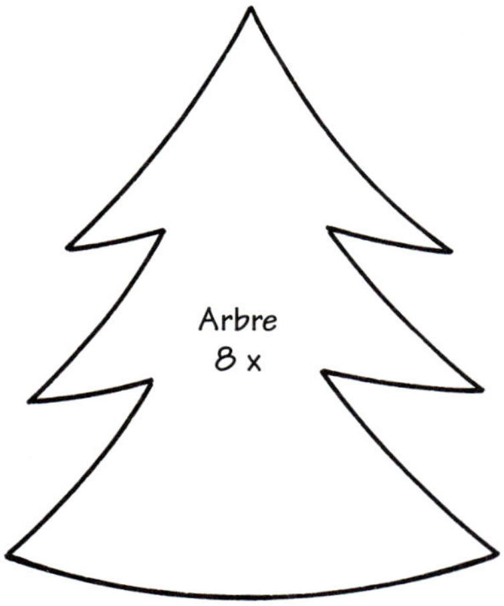

ÉTOILE EN PÂTE À SEL AVEC BOUGIE CHAUFFE-PLATS

IL VOUS FAUT

- une tasse de farine
- une tasse de sel
- de l'eau
- une cuillerée à café d'huile
- de la peinture acrylique bleue et rouge
- un rouleau à pâtisserie
- du papier à dessin de couleur
- du papier calque
- un crayon
- des ciseaux
- un couteau
- une bougie chauffe-plats
- une tablette ou du carton épais
- du vernis transparent ou de la laque à cheveux
- une allumette
- des petites étoiles de décoration

La pâte à sel se travaille de la même manière que l'argile. Mais elle présente deux avantages : elle ne doit pas se cuire dans des fours spéciaux et tous les ingrédients nécessaires à sa fabrication se trouvent déjà à la maison. Le seul danger pour les réalisations en pâte à sel est l'humidité. Toutefois, si vous les conservez dans un endroit bien sec, vous pourrez les garder très longtemps.

1. Pétrissez la farine avec le sel et un peu d'eau, puis ajoutez l'huile. À ce stade, la pâte est encore trop dure pour être étalée.

2. Partagez la pâte en trois parts égales. Ajoutez encore un peu d'eau dans la première boule jusqu'à ce que la masse soit souple.

3. Ajoutez de la peinture acrylique bleue dans la deuxième boule et de la rouge dans la troisième. Pétrissez jusqu'à ce que les boules prennent une couleur uniforme. La quantité de peinture dépend de la nature de la pâte et de l'intensité voulue.

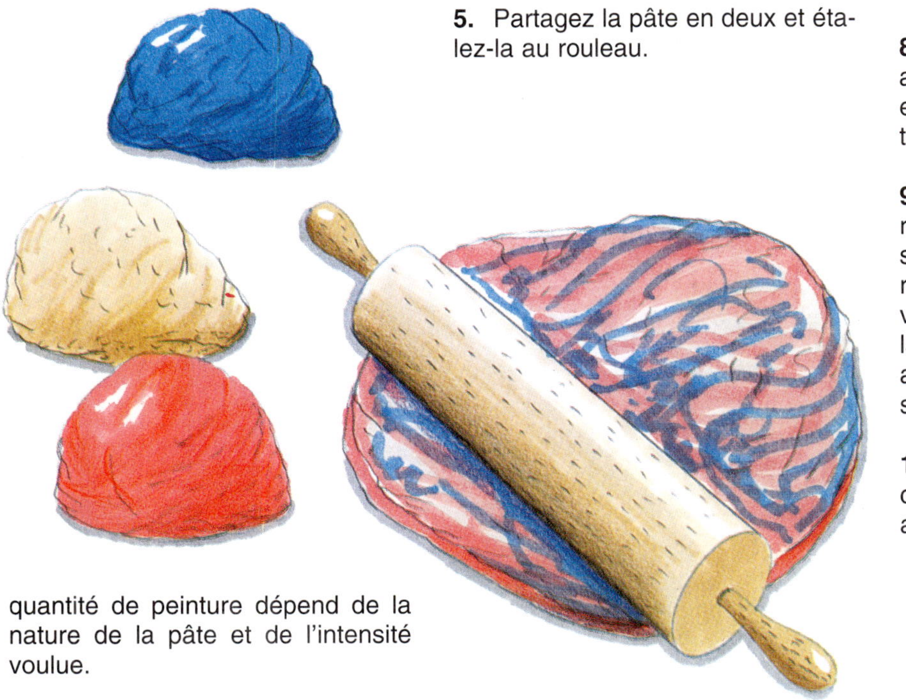

4. Regroupez ensuite les trois boules et pétrissez-les ensemble pour bien les mélanger. Cependant, les différentes couleurs doivent pouvoir encore bien se discerner et la pâte doit en fin de compte présenter une apparence striée ou marbrée.

5. Partagez la pâte en deux et étalez-la au rouleau.

6. Pour réaliser le modèle, décalquez le motif d'étoile du patron p. 29 sur le papier et découpez la forme obtenue.

7. Placez le modèle sur la pâte à sel étalée et découpez-en les contours avec un couteau.

8. Pressez la bougie chauffe-plats au centre de l'étoile, puis retirez-la et laissez reposer l'étoile sur une tablette ou du carton épais.

9. Lorsque l'étoile est sèche, décorez-la de petites étoiles, puis vaporisez l'ensemble de vernis transparent. Si vous le souhaitez, vous pouvez remplacer le vernis par de la laque, mais dans ce cas, les étoiles adhéreront moins bien à la pâte à sel.

10. Pour finir, placez la bougie chauffe-plats dans le cercle imprimé au centre de l'étoile et allumez-la.

LANTERNE ÉTOILÉE ET CARTONS DE TABLE

IL VOUS FAUT :

- une feuille cartonnée
- du papier transparent
- des ciseaux, de la colle
- du papier calque
- un crayon
- une bougie chauffe-plats
- une grosse aiguille à repriser

Ce fanal est très simple et très rapide à réaliser. On l'accompagne de cartons de table.

Lanterne

1. Dessinez le cadre de la lanterne sur une grande feuille cartonnée comme sur le schéma en bas de page. Le cadre a 17 cm de haut et 48 cm de long ; chaque côté a 12 cm de largeur. N'oubliez pas la languette du bord extérieur droit ; elle a 1 cm de large en haut comme en bas et il faut la tracer un peu en biais vers l'intérieur. La lanterne peut être plus petite ou plus grande que celle du schéma. Pour la faire plus petite, une carte postale pourra vous servir de patron pour les côtés de la lanterne ; reportez-la quatre fois côte à côte sur la feuille cartonnée.

2. Découpez le cadre de la lanterne. Passez la pointe des ciseaux sur les lignes discontinues et repliez les côtés du cadre vers l'intérieur.

3. Décalquez les étoiles sur les faces internes de la lanterne. Vous pouvez également utiliser de petits moules à gâteaux, dessiner les étoiles à la main ou choisir d'autres motifs, comme par exemple des lunes.

4. Découpez les étoiles et collez des morceaux de papier transparent sur les quatre côtés intérieurs.

5. Auparavant, vous pouvez faire des trous sur le côté avec une aiguille.

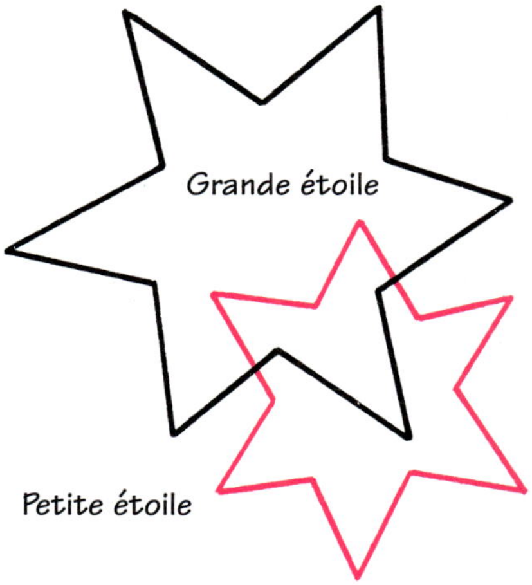

6. Pour terminer, collez la lanterne sur la languette. Placez une bougie à chauffe-plats au milieu de la lanterne ou une bougie en forme de cône et allumez-la.

Cartons de table

1. Pour un carton, découpez un morceau de feuille cartonnée de 18 x 12 cm.

2. Pliez-le en deux dans le sens de la largeur et lissez bien le pli.

3. Décorez le carton d'une étoile comme pour la lanterne.

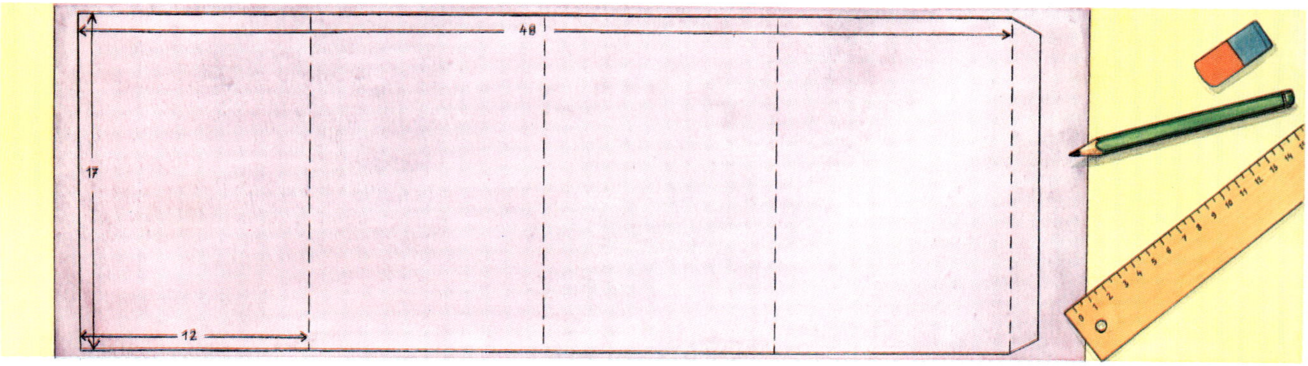

IL VOUS FAUT :

- une feuille de papier doré (prenez du papier double face, le recto doré et le verso rouge, par exemple)
- un crayon
- une règle
- des ciseaux

ÉTOILE BICOLORE

Le papier doré double face existe dans différentes combinaisons de tons. Ce papier se prête à merveille pour confectionner de belles étoiles de Noël. Il suffit de le plier d'une certaine manière pour obtenir des étoiles bicolores.

1. À l'aide de la règle et du crayon, tracez un carré de 12 cm de côté sur votre papier doré et découpez-le.

2. Pliez le carré en diagonale, donc angle sur angle.

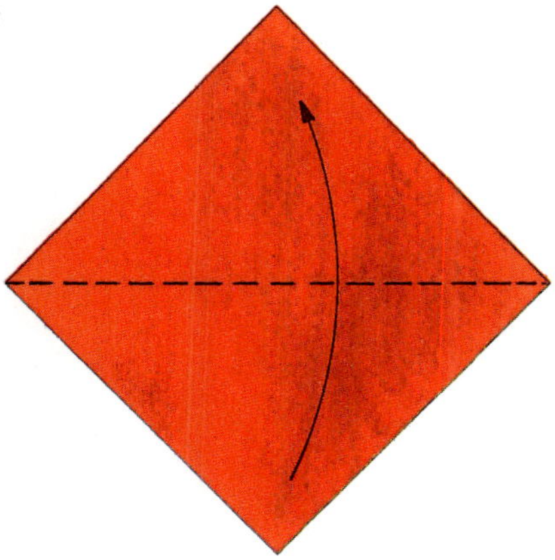

3. Repliez la pointe a exactement sur la pointe b.

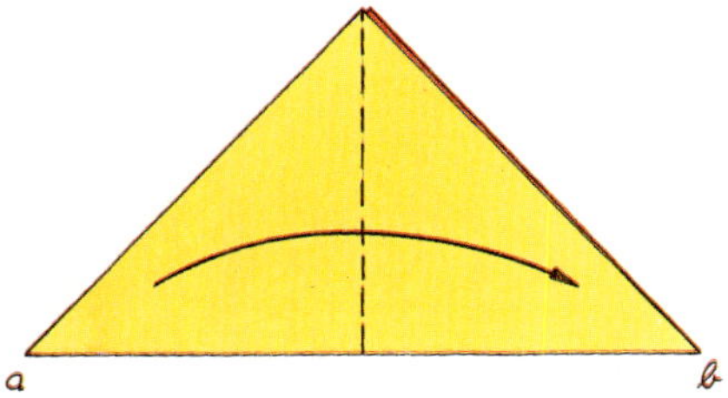

4. Ensuite, repliez les pointes a/b, sur la pointe c.

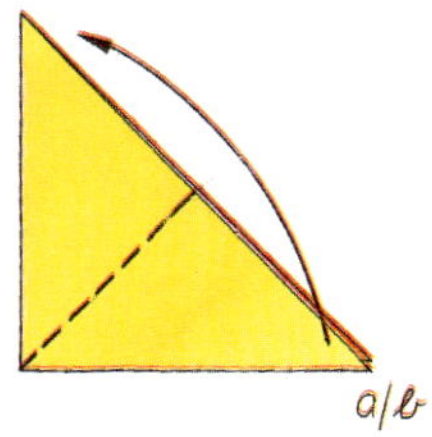

5. Posez le triangle ainsi obtenu sur la table de sorte que le côté ouvert soit à l'horizontale.

6. Pour obtenir la forme étoilée, coupez un triangle assez étroit en partant du côté fermé du pliage jusqu'à la pointe supérieure ouverte. Procédez comme vous le montre le dessin ci-dessous.

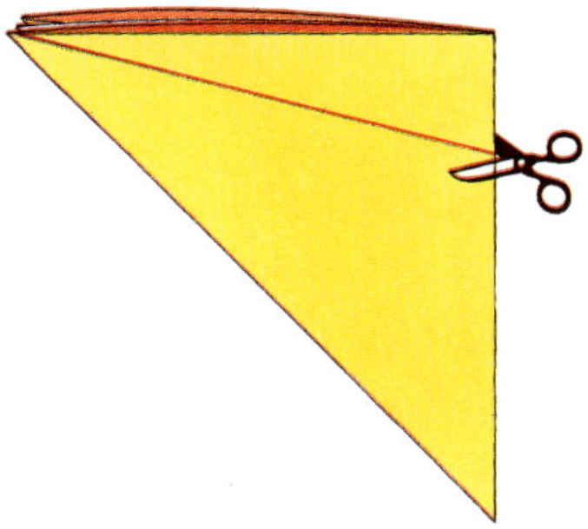

7. En partant du côté fermé, faites plusieurs incisions dans le triangle. Les bandes obtenues doivent être parallèles à la base du triangle et de même largeur. Ne coupez pas entièrement à travers la forme. Laissez un petit bord du côté ouvert.

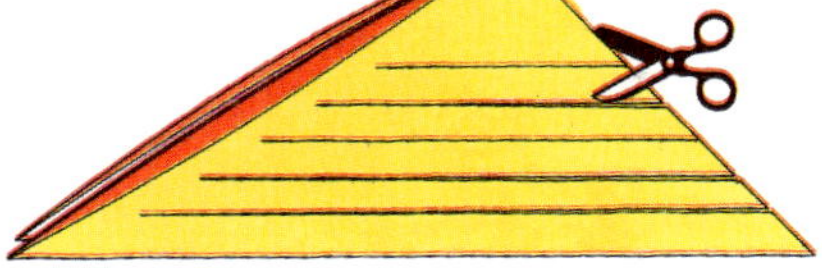

8. Déployez prudemment l'étoile. Si vous avez bien suivi toutes les instructions, votre étoile doit ressembler à celle du dessin ci-après.

9. Pour que l'étoile soit bicolore, vous devez rabattre la moitié des fentes en pointe vers haut. Choisissez l'un des quatre champs de l'étoile et rabattez vers le haut la longue pointe qui se trouve le plus près du centre.

10. Laissez la pointe suivante à plat et rabattez à nouveau la troisième vers le haut. Continuez de la sorte jusqu'au bord du champ.

11. Procédez de la même manière avec les trois autres champs de l'étoile.

12. Pour terminer, aplatissez bien l'étoile et suspendez-la à un fil.

ÉTOILE EN RELIEF

La forme pliée qui est à la base de cette étoile est connue dans certaines régions sous le nom de « ciel et enfer ».
Pour confectionner une étoile en relief, vous avez besoin de six formes « ciel et enfer ».

1. Pliez une feuille carrée de papier doré en deux. Ouvrez-la et pliez les deux autres côtés l'un sur l'autre. Dépliez à nouveau votre papier. Regardez le dessin : vous avez obtenu quatre carrés de même dimension.

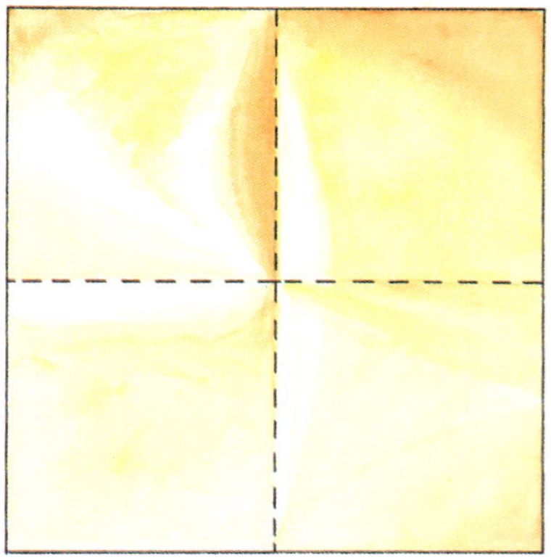

2. Repliez les quatre coins, l'un après l'autre, vers le centre, comme vous le montre le dessin. Vous avez à nouveau obtenu un carré. Retournez-le afin que les coins non repliés soient sur la table.

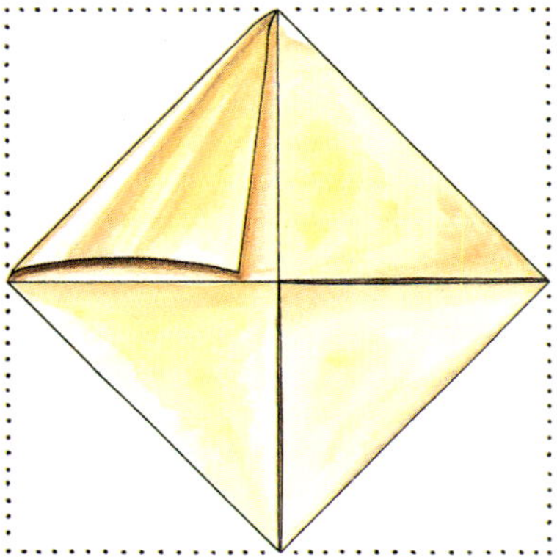

3. Repliez à nouveau les quatre coins vers le centre pour obtenir un autre carré de dimension inférieure. Si vous retournez ce carré, vous constaterez que vous avez obtenu quatre « poches carrées ».

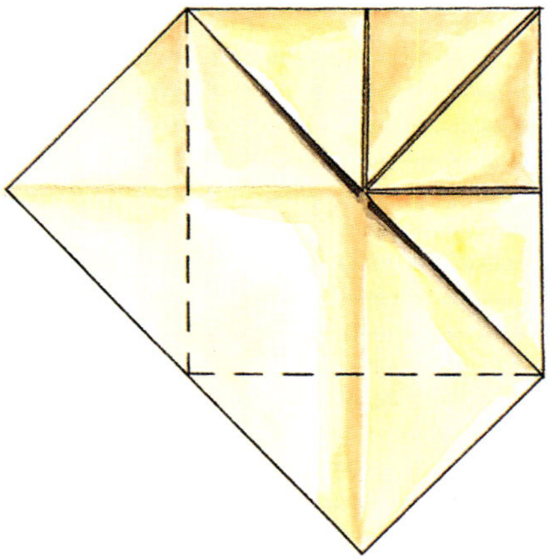

4. Pliez puis dépliez la forme transversalement et verticalement en son milieu. Ainsi il vous sera plus facile de la déplier par la suite.

5. Glissez le pouce et l'index de chaque main dans l'une des poches. Votre première forme est terminée. Confectionnez cinq autres formes de la même manière.

6. Collez quatre formes l'une contre l'autre. Assemblez-les en formant une sorte d'anneau. Pour cela, encollez la moitié de la face externe de deux poches adjacentes de la première forme.

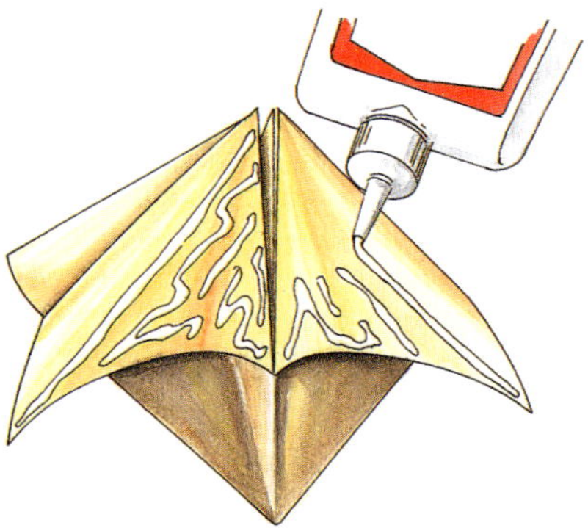

7. Prenez la seconde forme et collez-la contre les poches de la première, comme vous l'indique le dessin ci-dessous. Appuyez sur les poches jusqu'à ce que la colle se soit bien solidifiée.

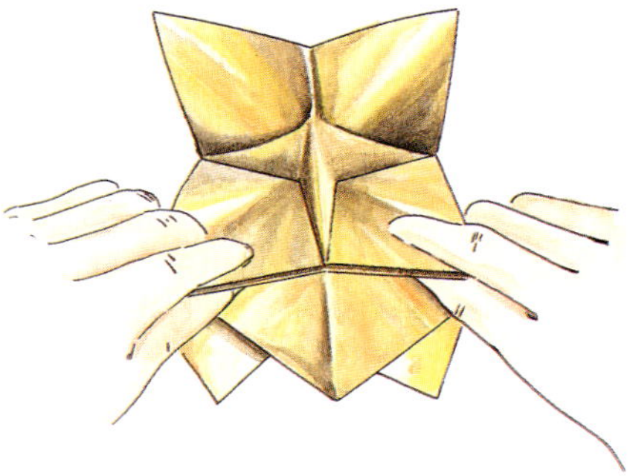

8. Collez les deux autres formes de la même manière contre les premières. Regardez bien le dessin : la dernière forme doit fermer l'anneau.

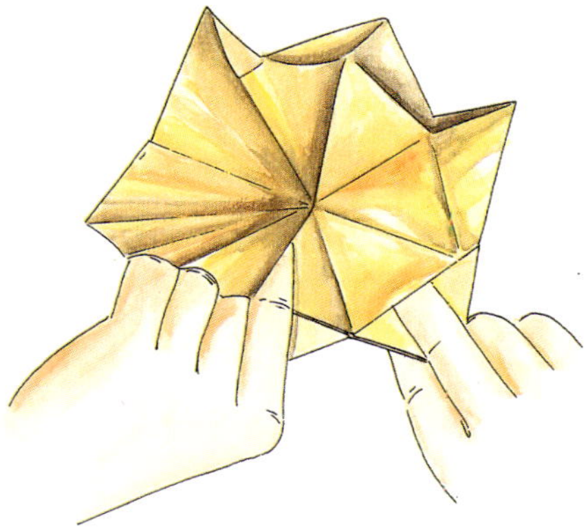

9. Posez l'anneau sur la table et enduisez la face supérieure de colle. Puis, fixez une autre forme par-dessus. Dès que la colle est sèche, retournez votre travail et collez la dernière forme de l'autre côté de l'anneau.

10. Pour terminer, faites passer un fil par l'une des pointes et suspendez votre étoile.

LES MINI-PANIERS

IL VOUS FAUT

- *des boîtes à œufs en carton*
- *un cylindre de carton (papier toilette)*
- *de la colle*
- *du ruban rouge (25 x 0,5 cm pour un panier)*
- *des branchettes de sapin (3 cm de long)*
- *une bombe or*

Préparation

1. Coupez les alvéoles de boîtes à œufs.

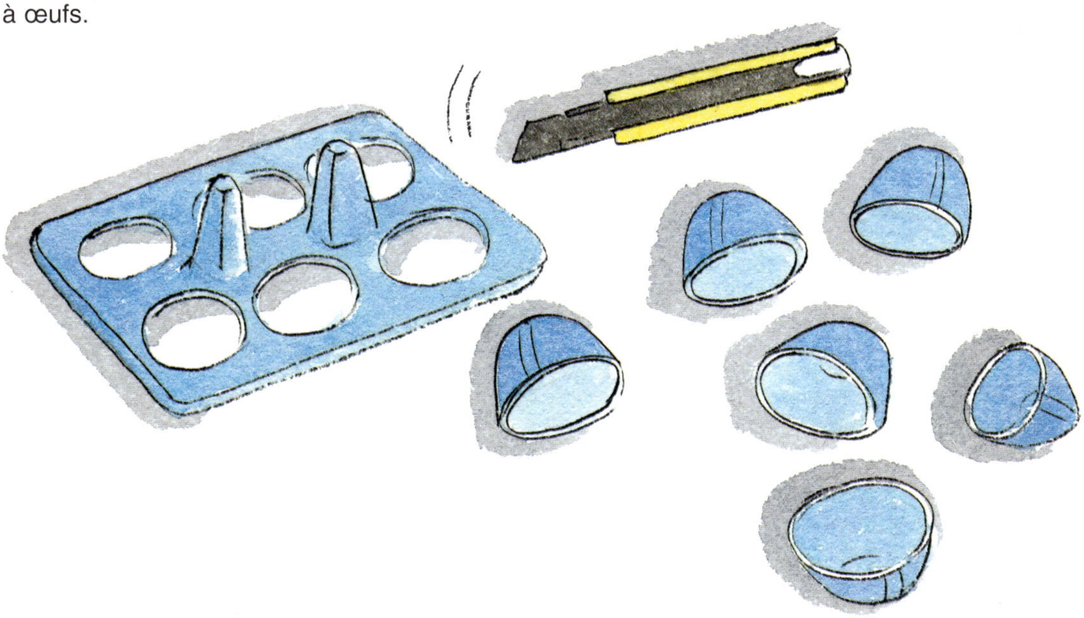

2. Coupez le cylindre de carton dans le sens de la longueur.

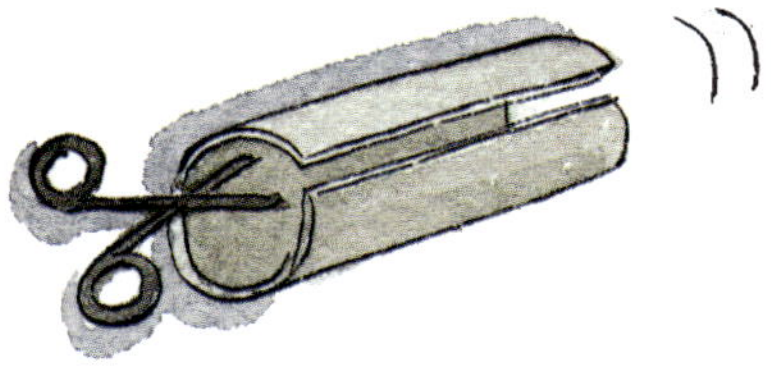

3. Coupez des bandes de 1 cm de large environ. Coupez à 11 cm.

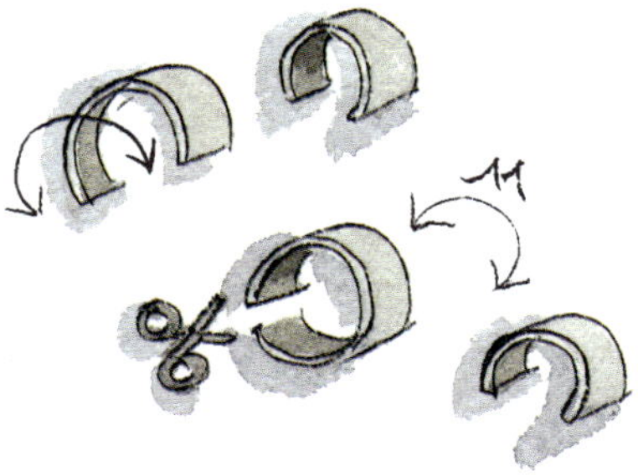

Montage

Posez de la colle aux deux extrémités, glissez sur les bords intérieurs d'une alvéole. Maintenez jusqu'au séchage.

1. Posez un caillou dans chaque panier pour les lester. Passez de la bombe or.

2. Nouez un ruban rouge sur l'anse. Ôtez les cailloux. Placez deux ou trois branchettes de sapin.

Ces petits paniers sont très décoratifs sur une table de Noël.

CRÈCHE EN PÂTE À SEL

IL VOUS FAUT

- deux tasses de farine, une de sel, une d'eau
- une terrine et un couteau
- un rouleau à pâtisserie ou une bouteille
- du papier sulfurisé
- une plaque à gâteaux
- un cure-dents
- un moule-étoile à découper
- une aiguille à tricoter
- des peintures acryliques ou de la peinture dorée en spray
- du vernis transparent
- un fil doré ou du ruban pour cadeaux

En attendant Noël, c'est si gai de s'asseoir à une table, pendant l'Avent, et de faire naître sous vos doigts une crèche en pâte à sel!
Ce matériau qui ne coûte presque rien est pourtant très facile à façonner. Les restes se conservent bien et pourront être utilisés pour d'autres créations.
Lorsqu'elle est sèche, vous pouvez laisser votre crèche telle quelle, la peindre ou la recouvrir de peinture dorée en spray.
Accrochez votre crèche au mur ou offrez-la. Pour la préparation de la pâte à sel, préparez une tasse de sel fin, une tasse d'eau et deux tasses de farine. Mélangez d'abord le sel et l'eau puis la farine. Malaxez pour obtenir une pâte souple.

1. Prenez deux rouleaux de pâte à sel de 1 cm d'épaisseur pour 24 cm de long et pressez leurs deux extrémités ensemble. Ensuite, tordez-les en les plaçant l'un sur l'autre. Voici déjà l'un des côtés du toit: une torsade de 18 cm de long.

2. Prenez deux rouleaux de 1,5 cm d'épaisseur pour 6 à 8 cm de long pour faire les murs. Le rouleau qui forme le sol a également 1,5 cm d'épaisseur, mais 15 cm de long.

3. Découpez l'étoile au moyen du moule et la queue avec un couteau. Placez la queue de la comète sur le toit de la crèche en appuyant un peu avant d'y fixer l'étoile.

4. Avec le cure-dents, percez deux trous dans l'épaisseur de l'étoile pour pouvoir y passer plus tard le fil qui servira à accrocher la crèche.

5. Formez les corps de Marie et de Joseph comme suit: une boule pour le visage, un rouleau pour les cheveux et une petite boule pour la main. Ajoutez à Joseph un bâton qu'il tient en main. Formez les visages avec un cure-dents. Placez l'enfant entre les deux personnages. Il a également une tête, un corps et des cheveux.

6. Les moutons de part et d'autre de la crèche sont formés d'un corps allongé et d'une tête sur laquelle vous enfoncerez une oreille.
Piquez le corps de chaque mouton à plusieurs reprises avec le cure-dents. Si vous voulez, vous pouvez ajouter des pattes à votre mouton. Il suffit pour cela de fixer deux petits rouleaux au-dessous du corps.

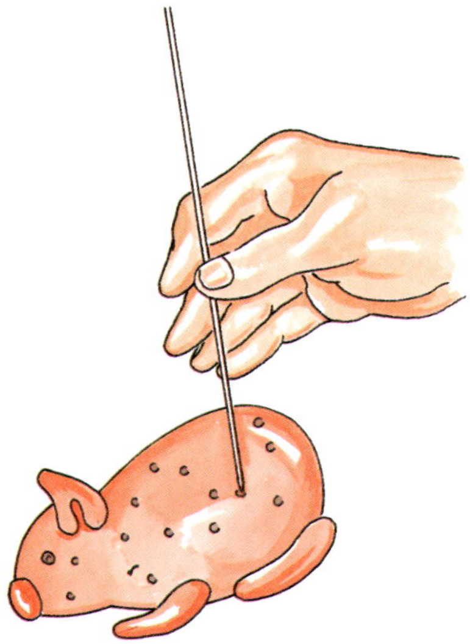

Pour que les moutons tiennent bien au rouleau qui forme le sol, fixez sous chacun d'eux un petit morceau de pâte à sel qui doit demeurer invisible.

7. Disposez la crèche sur la plaque à gâteaux et mettez-la au four à environ 100° pour deux heures. Laissez la porte du four entrouverte. Ce procédé, appliqué à toutes les réalisations en pâte à sel, leur donne une plus grande durabilité.

8. Après le séchage au four, peignez vos personnages. Recouvrez d'abord votre plan de travail et mettez un tablier. À vous de décider de l'aspect définitif de vos personnages. Lorsqu'ils sont peints, enduisez-les d'une couche de vernis, en veillant à vernir d'abord l'envers de la crèche. Pour terminer, accrochez votre crèche à un joli fil à paillettes ou à un ruban.

LA CRÈCHE

IL VOUS FAUT

- des boîtes à œufs en carton et une plaque à œufs (20 ou 30 œufs)
- des ciseaux
- de la colle
- des gouaches
- du raphia
- de la paille

LA CRÈCHE

1. Coupez un grand côté dans le couvercle d'une boîte de 6 œufs. Pratiquez une ouverture sur un côté (2 x 2 cm)dans l'un des petits côtés. Peignez en beige rosé.

2. Calquez la forme de l'âne et du bœuf (p.29). Reportez-les au fond de la boîte. Peignez en brun et en gris.

3. Coupez des longueurs de 7 cm dans le raphia ou la paille. À défaut, coupez des bandes dans du papier jaune. Collez sur le toit de l'étable.

LES PERSONNAGES

Préparation

1. Coupez les alvéoles et les pointes de boîtes à œufs. Coupez des petits sommets sur des plaques à œufs.

2. Coupez quatre côtés d'un couvercle, aplatissez les côtés.

Montage

Les personnages sont composés de plusieurs éléments superposés et collés : pointe sur alvéole, ou trois pointes l'une sur l'autre. Les bras et les pieds sont découpés dans les parties aplaties du carton couvercle et collés.

L'enfant Jésus

une pointe et une alvéole, du raphia

Marie

une pointe, une alvéole, deux bras.

Joseph

trois pointes, deux bras, un socle pieds.

Autres personnages

Glissez de petits morceaux d'allumettes sous le bras.

Petits paniers

Décoration

Peignez les visages et les mains en rose, les vêtements de Marie en bleu, de Joseph en brun. Peignez les personnages dans une harmonie de bruns, bleus, jaunes.

Inventez d'autres santons. Remplissez les paniers de graines. Disposez la crèche, les personnages sur un fond de nuit. Collez une étoile au-dessus de la crèche.

OISEAUX DE NOËL

Dès la période de l'Avent, vous pouvez décorer votre maison afin d'y créer une atmosphère de fête.
Accrochez donc vos oiseaux de Noël aux ailes dorées à une branche du sapin et celui-ci n'en sera que plus beau.

1. Décalquez les oiseaux du patron p. 29 sur le carton blanc pour en faire des modèles et découpez-les.

2. Posez un modèle sur le carton rigide brun, tracez son contour et découpez-le.

3. Sur chaque face, dessinez maintenant un œil et le bec avec le stylo doré. Vous pouvez décorer la queue de divers motifs.

4. Fabriquez ensuite de petites chaînes d'étoiles: fixez un petit morceau de cordon doré entre les faces autocollantes de deux étoiles.

5. Attachez la chaîne d'étoiles au ventre de l'oiseau.

6. Ouvrez ensuite une noix en deux avec le couteau et enlevez-en la chair.

7. Laquez la coquille à l'aide de la bombe de couleur dorée ou peignez-la avec de la gouache dorée et laissez-la sécher.

8. Encollez le bord des demi-coquilles et appliquez-en une sur chaque face de l'oiseau pour représenter les ailes.

9. Pour attacher le volatile, enfilez un morceau de fil doré dans le dos de l'oiseau et nouez ensemble ces extrémités.

ÂGE:
à partir de 4 ans

PARTICIPANTS:
seul ou en groupe

IL VOUS FAUT

- un crayon
- du carton blanc
- des ciseaux
- du carton rigide brun
- un stylo doré
- des étoiles autocollantes
- du cordon doré
- une aiguille
- des noix
- un couteau
- de la couleur dorée en bombe ou de la gouache dorée
- un pinceau
- de la colle

PATRONS

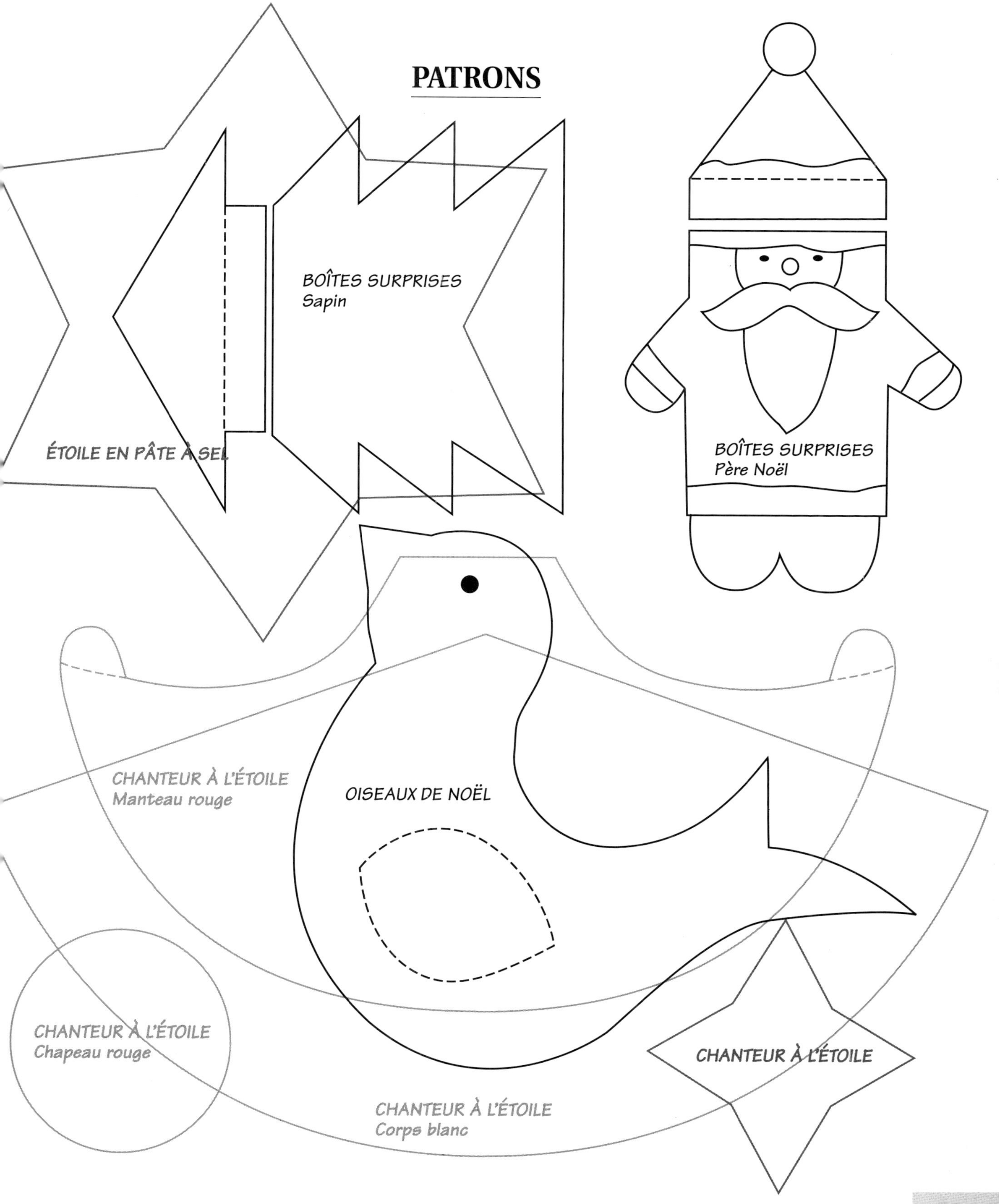
BOÎTES SURPRISES
Sapin
ÉTOILE EN PÂTE À SEL
BOÎTES SURPRISES
Père Noël
CHANTEUR À L'ÉTOILE
Manteau rouge
OISEAUX DE NOËL
CHANTEUR À L'ÉTOILE
Chapeau rouge
CHANTEUR À L'ÉTOILE
CHANTEUR À L'ÉTOILE
Corps blanc

Imprimé en Belgique.
Dépôt légal octobre 1999 ; D1999/0053/53
Déposé au Ministère de la Justice, Paris
(loi n° 49.956 du 16 juillet 1949 sur les publications destinées à la jeunesse).